GUERRE

AUX RÉVOLUTIONS

ou

COROLLAIRE DU 2 DECEMBRE 1851.

Imprimerie de M. CERF, Grande-Rue, 144, à Sèvres.

GUERRE

AUX

RÉVOLUTIONS,

OU

COROLLAIRE DU 2 DÉCEMBRE 1851.

PRIX : 50 CENTIMES.

PARIS,

GARNIER FRÈRES, LIBRAIRES, PALAIS-ROYAL.

1852.

GUERRE
AUX RÉVOLUTIONS,

ou

COROLLAIRE DU 2 DÉCEMBRE 1851.

PREMIÈRE PARTIE.

Des révolutions.— Causes générales.— Faute des gouvernements.— Faiblesse ou connivence.— La révolution réprimée par Napoléon.— Sa chute.— Avènement du système parlementaire.— Chute de la branche aînée. — Chute des importances démocratiques de juillet.— Excentricités démagogiques.— Anarchie et guerre civile.— 2 décembre.— Difficulté de reconstruire le pouvoir en France.— Actes sages et énergiques du Prince-Président.—Motifs qui ont déterminé l'auteur à publier ses réflexions sur les moyens d'éloigner à l'avenir les causes de révolutions, et d'en adoucir les effets.

I.

En présence des commotions déplorables dont la civilisation européenne a manqué d'être victime, depuis 1848, on se demande avec stupeur si de pareilles catastrophes sont une de ces lois inconnues et fatales auxquelles obéit nécessairement la race humaine? — Cataclysmes sociaux qui dépeuplent des contrées, détruisent des empires, ou les replongent pour des siècles dans l'esclavage et la barbarie ! Palmyre, Babylone, Memphis, Athènes, Rome, Constantinople, apparaissent alors dans la nuit du passé, comme les haltes démantelées de cette civilisation voyageuse et fugitive, — comme les flambeaux consumés de cette lumière terrestre, si péniblement conquise et si cruellement perdue, tour à tour, par tant de peuples divers !

Mais, du moins, autrefois, l'on savait à quelles causes attribuer la chute des empires et la ruine des nations : énervées peu à peu par la corruption de leurs mœurs, ces dernières subissaient facilement le joug des barbares qui se ruaient à leur conquête ; et les couches humaines se superposaient, pour ainsi dire, comme les laves d'un volcan, semant ici la ruine et le néant, plus loin l'abondance et la fertilité !

II.

Mais, depuis que le cratère de la barbarie s'est épuisé, depuis que presque tous les peuples ont subi l'heureuse influence de religions et de mœurs qui ont rangé l'humanité sous un niveau presque identique, l'on aurait dû croire les sociétés modernes impérissables, — elles qui n'avaient plus qu'à marcher sans secousse dans la voie d'une civilisation progressive et bienfaitrice. Sans doute, il pouvait y avoir des modifications dans les formes, — des crises particulières causées par les passions humaines, — des orages passagers, en un mot, propres à prouver une fois de plus à l'homme que la perfection absolue n'est pas de ce monde ; mais qui aurait pensé que les bases les plus antiques et les plus sacrées de la société pourraient être remises en question, et que les cris de démence, échappés à quelques impies négateurs de toute vérité, trouveraient assez d'échos dans les masses, et les égareraient assez, pour compromettre le salut de la société tout entière ? Le bouleversement, l'assassinat, le pillage, tels étaient les moyens indiqués par ces nouveaux Vandales, dont les prédications furibondes allaient chercher, dans le cœur d'hommes simples, les plus mauvaises passions, pour détruire tout ce qui portait ombrage à leur nullité ; et les sycophantes se riaient ensuite de leurs victimes et de leurs dupes.

III.

Nulle part, ces tristes excès n'ont été plus longs et plus déplorables qu'en France : c'est de l'Athènes moderne qu'était parti le premier coup du tocsin, — chez elle aussi la lueur de l'incendie a disparu la dernière. C'est que la France, véritable avant-garde des pionniers de la civilisation, ne pouvait s'égarer seule : elle était suivie par les autres peuples dans l'exploration de théories, d'abord attrayantes, peut-être, et qui auraient pu conduire à de véritables améliorations, si elles étaient restées dans une juste mesure. Mais l'empressement, la vivacité des meneurs, — la gloriole insensée de se dépasser l'un l'autre,—l'audace des derniers venus à se jeter au hasard vers les mirages de leur imagination, — toutes ces causes avaient fatalement entraîné ces commotions qui, s'engendrant l'une de l'autre, semblaient former un cycle de misère et d'anarchie, au sein duquel les populations désolées étaient condamnées à vivre comme les damnés du Dante au milieu des cercles de son enfer.

IV.

La faute de ces erreurs pesait particulièrement sur les divers gouvernements qui en avaient tour à tour été les promoteurs ou les victimes. Depuis 1789, ces tuteurs nés, — dont la sagesse devait contenir, dont les lumières devaient éclairer, — dont la justice devait punir, s'étaient laissés ou vaincre ou éblouir par les idées nouvelles, au lieu d'en modérer et d'en régler le cours, de manière à les rendre fructueuses ; et le pouvoir avait vu s'éparpiller peu à peu tous les éléments de sa force et de sa dignité, jusqu'au moment où le génie d'un grand homme parvint à le reconstituer autant qu'il était possible. Mais des revers, grands comme ses victoires, causèrent la chute du héros, avant que son œuvre eût pu s'enraciner sur un sol tout chaud encore des éruptions passées ; et les révolutions semblèrent appelées à reprendre leur cours, sous l'haleine du système parlementaire. Dès-lors, l'influence dissolvante de la parole, les assauts incessants de la presse, usèrent les souvenirs monarchiques, un instant galvanisés ; — bientôt après, les importances démocratiques, écloses des barricades de Juillet, se trouvèrent également impuissantes ; — enfin, les excentricités démagogiques, qui conduisaient le pays droit à la guerre civile, par suite du dévergondage anarchique des représentants de tous les partis, n'ont trouvé leur terme qu'au moment où le char gouvernemental et social s'est vu arrêté aux bords du précipice, par la généreuse énergie d'une main puissante et déterminée.

V.

Cette décision providentielle est de nature à

rétablir le pouvoir sur des bases larges et bienfaisantes, parce que c'est le seul moyen d'accorder au peuple français l'usage, sans danger, des conquêtes que tant de sacrifices doivent lui assurer dans le champ de la civilisation. Dans les autres États de l'Europe, — un moment ébranlés, mais plus tôt revenus du vertige révolutionnaire, — se trouvaient, pour la reconstruction, des matériaux tout préparés : — une puissante aristocratie propriétaire ; — un profond respect des lois ; — une influence religieuse incontestable ; — l'amour de la famille et le culte des vertus privées ; — et, plus encore, un caractère moins incandescent, moins aventureux, moins frivole. Mais, en France, il n'y a qu'un grand pouvoir gouvernemental qui puisse balancer tous ces avantages, en ralliant du moins autour de lui l'aristocratie du talent, les intérêts de la propriété, les ministres des divers cultes ; et en favorisant, par l'émulation, le développement des qualités solides et des influences moralisatrices.

VI.

Dans cette voie de salut, et en s'appuyant sur l'expérience du passé, le Prince-Président a déjà marché d'un pas ferme : il a brisé le réseau funeste dont les sociétés secrètes cherchaient, dans l'ombre, à envelopper la France et l'Europe ; — il a imposé silence aux tournois inféconds de la tribune ; — il a relevé le gouvernement de cet abaissement, de cette impuissance , de cette imprévoyance qui l'avaient rendu la proie facile de quelques hardis aventuriers ; — il a réorganisé les grands pouvoirs de l'État, de manière à empêcher tout conflit, comme à donner passage à tous les résultats utiles. Qu'il poursuive son œuvre ; et la France, arrachée aux dangers des folles imitations, aux périls encore plus imminents des innovations constantes, pourra retrouver la place qu'elle semble appelée à tenir dans la hiérarchie du monde civilisé.

VII.

Mais, quand le génie de la civilisation triomphe, — quand toute l'Europe reconnaît que les révolutions sont la plus grande des calamités pour toutes les classes sociales, et principalement pour celles qui ne vivent que de leur travail de chaque jour, est-il suffisant de laisser à l'histoire le soin de raconter les phases diverses des longues épreuves souffertes, et de signaler leurs causes, dans les faiblesses inintelligentes,—les sanglantes violences, —les ambitions exagérées,— les erreurs fatales des divers gouvernements?—L'ami de l'humanité peut-il se contenter de regarder les crises passées comme aussi inhérentes à l'esprit de l'homme que certaines maladies sont naturelles à son organisation ?

VIII.

Telle n'est point notre pensée : chacun, dans la sphère de son intelligence a l'obligation d'apporter, le résultat de ses réflexions, et d'exposer autant qu'il est en lui, avec loyauté et sans esprit de parti, par quels moyens le monde civilisé pourrait, — non peut-être éviter à jamais les commotions funestes qui menacent son existence ; — mais, voir restreindre ces luttes de manière à leur ôter ce qu'elles ont de sauvage, de barbare, de démoralisant et de ravageur. Dans la mesure de nos moyens, nous n'hésitons donc pas à consigner aussi nos observations sur tous les objets qui, à notre avis, ont eu, partout, une portée beaucoup plus grande qu'on ne s'y était d'abord attendu ; ce qui nous encourage surtout dans cette manifestation, c'est de voir que déjà, plusieurs des causes signalées par nous, avaient aussi attiré l'attention sérieuse d'un esprit éminemment gouvernemental, qui n'a pas dédaigné, comme corollaire de l'acte patriotique du 2 décembre, d'adopter à leur égard des dispositions énergiques et préservatrices.

DEUXIÈME PARTIE.

De la peine capitale.— Les bagnes.— Les prisons.— Les malfaiteurs.
— La déportation est un bienfait.— Les condamnés politiques.—
La faiblesse les encourage. — Bannissement. — Éducation mal
dirigée. — Triste parodie des sociétés païennes. — Distinction
entre l'éducation et l'instruction.— L'instruction donnée à tous, et
obligatoire dans une certaine limite. — Écoles primaires et écoles
spéciales. — Restriction des études littéraires et classiques. —
L'histoire ancienne et moderne. — Nécessité d'en rectifier l'enseignement.— Éloigner la jeunesse studieuse des capitales.— Respect
des enfants pour la famille, et honorabilité de toutes les professions.
—Examen critique de l'histoire, au point de vue des sociétés modernes. — Diminution des cabarets. — Répression de l'ivresse. —
Éloignement des ouvriers des grands centres. — Établissement des
usines et manufactures dans l'intérieur du pays. — Amélioration
présente et future de la population ouvrière.

I.

On a longtemps controversé, surtout depuis
quelques années, pour savoir jusqu'à quel point
la société avait le droit d'extirper de son sein les
individus qui se posaient en implacables ennemis
de ses lois : les uns, poussés par le désir de sauvegarder les bons de l'attaque des méchants, sont
restés partisans rigoureux de la peine capitale ;
d'autres, cédant à l'impulsion d'une sensibilité
exagérée pour les coupables, se sont déclarés les
champions de toutes les mesures de douceur, pro-

pres, dans leur pensée, à ramener les criminels à résipiscence. Sans tomber dans l'une ou l'autre exagération, on peut applaudir aux adoucissements que les mœurs ont apportés à la législation : ses formes ultra-draconiennes ont disparu ; mais il serait dangereux d'aller plus loin, et de désarmer la justice de son glaive, contre des esprits pervers, des cœurs gangrenés, des caractères indomptables, qui ne trouvent de frein, ou du moins de repos, que dans la peine de mort,— seule garantie de la société contre leurs récidives constantes.

A part ces criminels tachés de sang, il en est qui sont condamnés aux travaux forcés, à perpétuité ou à temps, et dont la peine se subit, dans des places-fortes, — des ports ou des prisons. Ce système ne saurait être approuvé, ni par les défenseurs de la société, ni par les philantropiques soutiens des âmes égarées, parce qu'il est également funeste à tout le monde. Les bagnes et les prisons sont des écoles cyniques de crime et de dépravation ; en en sortant, par adresse ou à l'expiration du terme fixé à chacun d'eux, les malfaiteurs se lancent de nouveau contre les habitants paisibles, qu'ils exploitent par le pillage ou le meurtre, — digne récompense de cette sensiblerie qui accorde souvent aux brigands des asiles enviés par les gens honnêtes et malheureux ! D'ailleurs, a-t-on vu beaucoup de criminels arriver par le repentir à une vie meilleure, et beaucoup de libérés mériter par leur conduite la mansuétude de la législation ?—Hélas ! ils le voudraient qu'ils ne le pourraient plus ! — Déclassés par leur crime, flétris par leur expiation, repoussés de toutes les industries honnêtes qui pourraient leur donner une existence, ils sont fatalement voués à parcourir l'épouvantable échelle des forfaits, depuis le vol jusqu'à l'assassinat !

II.

Dans l'intérêt des criminels eux-mêmes,—peut-être autant à plaindre qu'à blâmer, — il y a donc mieux à faire que de les envoyer au bagne ou aux prisons ; et la déportation peut d'autant mieux devenir un bienfait pour eux, qu'elle les placera dans un milieu nouveau,— loin des entraînements auxquels ils ont déjà cédé, — et sous une surveillance disciplinaire qui les empêchera de s'égarer. D'un autre côté, l'ordre social ne verra plus en eux une menace incessante, — un poignard toujours levé ; — et, quand, parfois, les passions politiques viennent surexciter les esprits, ces brigands émérites ne seront plus là, pour jeter dans la lutte leurs habitudes de bagne, — leur soif de sang et de rapine.

III.

Il est une autre classe de criminels, moins ab-jects sans doute, bien que leurs délits puissent avoir des conséquences plus déplorables que les attentats particuliers : — s'armer contre le Gouver-nement établi, — fomenter la guerre civile, — dé-chaîner les plus viles passions par la prédication des plus détestables doctrines, — c'est porter à l'ordre social tout entier un coup funeste, dont la punition a été, jusqu'à ce jour, moins en rapport avec ses terribles résultats éventuels qu'avec la magnani-mité des juges, — trop intéressés pour ne pas se montrer généreux. En pareil cas, cependant, il faut se rappeler que la faiblesse et l'indulgence sont une sorte d'encouragement naturel : aussi les récidives sont-elles d'autant plus fréquentes en ce genre, qu'il n'y a pas grand chose à risquer. Sans appeler une rigueur exagérée contre ces coupables, — à l'exception des premiers instigateurs qui méritent toute la vindicte des lois, — il semblerait on ne peut pas plus juste de tenir aux dissidents ce langage :
« Vous voulez bouleverser le pays où vous êtes
» nés, — changer un ordre de choses adopté par la

» majorité et soutenu par elle ; cette majorité vous
» bannit. Allez en d'autres lieux, où les opinions
» soient mieux d'accord avec les vôtres; et renoncez
» à troubler la tranquillité d'un pays qui pardonne
» à vos erreurs, mais qui ne veut pas les partager.
» Lorsque l'effervescence juvénile sera calmée, —
» lorsque l'expérience de la vie, la comparaison
» des gouvernements divers et des mœurs de
» chaque peuple auront fait naître en vous de sa-
» lutaires réflexions, — lorsque les rêves de l'am-
» bition et les utopies de l'esprit de système dis-
» paraîtront de votre cœur devant la pensée de la
» patrie bien aimée, alors vous pourrez obtenir de
» revoir vos foyers paternels, et vous y montrer
» d'utiles citoyens. »

Mais, quant à ceux qui ne voient dans les
révolutions qu'un jeu propre à réveiller leurs sens
blasés, — quant à ceux qui spéculent sur les troubles publics pour se créer une fortune ou une po-
sition, — quant à ceux, menteurs impudents, qui
cherchent à tromper le peuple pour le dominer,
en se jouant de sa crédulité comme de sa bonne
foi, qu'ils restent à jamais sur d'autres bords, et
qu'ils y portent le poids de leur ignominie !

IV.

Après avoir éloigné les brigands, les fous et les pervers, il faut chercher à en diminuer le nombre dans les générations à venir. A cet égard bien des choses ont été tentées, dans des voies trop souvent opposées ; mais, peut-être tous les efforts n'étaient-ils pas toujours d'accord avec le but avoué. — Trop souvent, les dogmes de la religion servaient de manteau à des tentations d'envahissements temporels ; trop souvent aussi, les plus sages préceptes de la philosophie n'étaient qu'un marche-pied pour atteindre les grandeurs mondaines. Entre une obéissance toute passive, et une émancipation raisonneuse, comment pouvait se former l'esprit du peuple incessamment ballotté d'un spiritualisme exigeant à un rationalisme sans frein ? Il en est advenu que les idées les plus fausses, les doctrines les plus perverses, les systèmes les plus dangereux énoncés en pleine liberté, ont trouvé une population qui engloutissait indifféremment tout ce qui venait s'offrir à son désir d'apprendre, à son besoin d'émotion et de nouveauté ; — et c'est ainsi que les notions les plus simples du bien et du mal, — les idées les plus saines découlant de la foi du chrétien comme de la raison du philosophe, ont fait place, en tout et sur tout, au doute impuissant , — triste négation de toute conservation comme de toute amélioration !

Mais, c'était encore trop peu d'une éducation ainsi faussée dans ses bases, par l'indifférence des parents et le relâchement de tous les liens de famille : l'instruction a suivi les mêmes errements, en offrant à la jeunesse tous ses modèles dans une société éteinte ; et, depuis la renaissance, elle a continué d'inoculer à des Français, à des Allemands, à des Anglais, les idées qui dominaient à Sparte, à Athènes ou à Rome. Dès lors, tout gouvernement, qui n'était pas taillé sur le patron antique, a semblé naturellement tyrannique et odieux à ces esprits impatients de l'obéissance : accoutumés à admirer les Harmodius, les Brutus et les Scœvola ; chacun d'eux, à la première crise politique, a saisi avec enthousiasme le poignard, pour renverser tout ce qui n'était pas république ;—et l'assassinat est ainsi devenu l'un des éléments de cette fatale instruction,— élément d'ailleurs bien plus à la portée de tous que la sagesse de Socrate, la grandeur d'âme d'Aristide, le désintéressement de Cincinnatus, le dévouement de Régulus , l'amour de Cicéron pour la patrie, etc., etc.

V.

Il serait temps enfin de mettre un terme à une
confusion d'idées d'autant plus funeste, qu'elle vi-
cie le sens droit des masses et pervertit jusqu'aux
plus nobles instincts accordés à l'homme. Pour y
parvenir, nous pensons qu'il faut d'abord tracer
une ligne de démarcation très distincte entre l'*éducation* et l'*instruction* proprement dite. L'éducation,
c'est le bon exemple dans la famille, — les vertus
du père, — les tendres enseignements de la mère,
— les préceptes de la morale et de la religion incul-
qués dès le plus jeune âge ; — en un mot, c'est la
main amie qui guide l'âme sur le chemin de la
vérité, en lui soumettant les penchants matériels.
L'instruction, c'est la culture de la mémoire, — le
développement progressif de l'intelligence, — l'étude
des langues, — des sciences, — des arts libéraux et
mécaniques, — même l'apprentissage des métiers.
Or, s'il faut s'en remettre, en l'aidant par de bons
avis, à la tendresse des parents et à la sagesse des
divers ministres, pour ce qui concerne l'*éducation*,
l'autorité supérieure peut du moins avoir une action bien plus décisive sur tout ce qui se rap-
porte à l'*instruction*, que nous voudrions voir di-
viser en plusieurs catégories, pour qu'elle pût

mieux répondre aux besoins de tous. Ainsi, l'on pourrait établir d'abord des études primaires ou normales, qui seraient suivies dans des écoles publiques, fondées dans toutes les communes par les soins et aux frais de l'État. Ces études comprendraient, par exemple, la lecture, l'écriture, la langue du pays, l'histoire nationale, le calcul et l'explication des principes généraux de morale sur lesquels repose la législation de tous les pays civilisés, — c'est-à-dire, l'amour de la famille, — la distinction du *tien* et du *mien*,—la connaissance du juste et de l'injuste,— le discernement du crime et de la vertu, — enfin, le respect des lois établies. En sortant de ce cours, — que, par tous les moyens de la persuasion et par des avantages faciles à offrir aux parents et aux enfants, on chercherait à rendre obligatoire pour tous, — les élèves seraient aptes à entrer dans des écoles professionnelles et supérieures, selon la carrière à laquelle ils seraient destinés; — ainsi, des cours d'agriculture, — de métiers divers, — de mécanique, — de commerce, — de beaux-arts, — de marine, offriraient à chacun les moyens de mettre en relief ses aptitudes naturelles et de se faire une place utile dans la société, à l'aide d'un enseignement d'autant plus complet qu'il serait plus spécial. Il paraît inutile d'expliquer que des principes généraux d'histoire, de législation pratique, de langues étrangères, complèteraient ces études, dans le but de former le jugement des élèves et d'augmenter leur bagage de connaissances utiles.

Par une telle distribution, l'instruction deviendrait d'abord plus générale, sans renoncer à l'extension dont elle serait susceptible selon les capacités ; tous finiraient, dans peu, par connaître leur langue, l'histoire de leur pays, et par posséder des notions vraies sur un nombre circonscrit de connaissances nécessaires ; — beaucoup moins auraient appris, — pour les oublier, — de mauvaises bribes de latin, propres à exalter leur vanité sans augmenter leur valeur réelle. Au lieu donc de ces colléges trop nombreux, d'où sortent si peu de gens supérieurs parce qu'on n'y enseigne que des mots, il y aurait partout des écoles spéciales propres à former des hommes laborieux et de bons citoyens.

VI.

Quant aux études littéraires proprement dites, et dont le grec et le latin forment le point de départ pour finir par des cours universitaires, elles se trouveraient naturellement réservées pour ceux qui se destinent à l'église, — à l'instruction, — à la médecine,—à la magistrature,— au barreau — et aux belles-lettres. Mais, elles auraient besoin de subir de grandes modifications. En effet, jusqu'à présent, elles n'ont guère servi qu'à fausser les idées de la jeunesse, parce qu'elles sont en complète désharmonie avec le milieu dans lequel est destinée à vivre cette dernière : — exaltée,— avide d'émotions, désireuse de jouer un rôle,—celle-ci s'enflamme d'autant plus facilement qu'elle ne saurait encore distinguer le sophisme de la vérité ; — c'est Don Quichotte qui se croit chevalier, et qui, dans des idées aussi généreuses que peu sages, rompt la chaîne des galériens ou prend des moulins pour des géants. Cette turbulence, si dangereuse dans les capitales où elle peut devenir l'auxiliaire et la dupe des agitateurs, on l'a vue dans tous les temps et dans tous les pays,—dans le vieux Paris comme dans le nouveau,—en Italie comme en Allemagne ; — et l'on doit en accuser certainement la méthode d'enseignement suivie dans toutes les études universitaires. Comment n'aurait-on pas ces résultats quand on donne sans cesse aux jeunes gens l'exemple de peuples, chez lesquels brillèrent sans doute quelques vertus, mais dont l'existence ne reposait que sur la rapine, la force brutale et l'esclavage ? — Bien éloignés encore de cette civilisation réservée aux efforts des sociétés chrétiennes, leurs dieux mêmes étaient la personnification de tous les vices, et beaucoup de leurs hommes célèbres la glorification de crimes véritables : —Brutus était-il donc autre chose qu'un fanatique assassin? —Alcibiade qu'un ambitieux débauché qui osait lever une main parricide contre son pays ? — Non, la morale est la même partout et le but n'a jamais sanctifié les moyens. Sans doute, les écrivains du polythéisme ont pu se faire illusion sur des actes que ne réprouvaient ni les mœurs, ni les idées de ces temps héroïques et barbares ; mais il importe que nous ne nous y trompions pas, si nous voulons réellement le progrès de l'homme et l'amélioration des sociétés.

VII.

A cet égard, et pour tout ce qui concerne l'histoire ancienne et moderne, nous pensons,— non pas qu'il faille soumettre leur texte à de prétendues expurgations qui donnent aux pages retranchées la saveur du fruit défendu;—mais, qu'il serait d'une véritable sagesse d'accompagner leur enseignement de notions propres à rectifier les fausses impressions qu'elles peuvent produire. Est-il question de la Grèce ou de Rome?—Exposez l'ilotisme, l'esclavage des masses, le despotisme des rares privilégiés , l'asservissement des femmes, la lutte constante des pouvoirs et des ambitions, la chute des empires ; — les républicains de collége perdront beaucoup de leur admiration moutonnière pour des mœurs sauvages, désormais inapplicables à l'Europe. — S'agit-il de l'Asie ou de l'Afrique ? — Développez l'oppression inique des castes, l'abrutissement, la crédulité des opprimés, l'ignorance de tous, leur infériorité à la moindre famille européenne ; — les enthousiastes des mœurs primitives et de l'obéissance absolue, reconnaîtront avec joie que notre civilisation vaut encore mieux ; et que, semblable à la pierre du sommet de la pyramide , elle domine de toute sa hauteur le monument humanitaire, dont la large base repose encore dans le passé d'une affreuse barbarie.

VIII.

Il est, de plus, une considération qui militerait en faveur du mode d'instruction que nous voudrions voir adopter : c'est qu'on arriverait ainsi à éloigner des grandes villes et de leur corruption cette jeunesse si susceptible d'en absorber les miasmes. Lui ôter ces tentations incessantes, ce serait l'arracher également à tous les fauteurs de troubles, — à tous

les professeurs de révolte, — à tous les viveurs
de révolutions. Et qu'on ne vienne pas objecter la
difficulté de réunir, loin des grands centres, tous les
moyens nécessaires à l'enseignement, ainsi que les
professeurs distingués qui doivent présider aux
études supérieures ! Autant vaudrait exhumer cette
vieille idée des pédants de collége, qui prétendent
que le latin est la clef des langues modernes, et que
sans le latin point d'instruction possible ! Car, si
d'un côté les grandes universités d'Angleterre et
d'Allemagne sont là pour réponse, de l'autre on ne
persuadera jamais à des hommes de sens qu'il soit
indispensable, — aujourd'hui que les langues
d'Europe sont formées, — de recourir à leur type
primitif, comme dans le XV⁰ siècle, pour bien ap-
précier leur signification. De pareilles recherches,
du ressort des philologues, se classent au nombre
des études littéraires, et elles ne perdront rien à
rester dans le domaine spécial de certaines intelligences d'élite, en laissant ainsi à la jeunesse plus
de temps à donner à des études plus fructueuses.

IX.

Une observation, qui ne semble pas sans importance, trouve tout naturellement ici sa place. C'est

qu'en éclairant généralement les masses, on laisse la hiérarchie patriarcale des familles bien plus entière qu'elle ne l'a été, depuis qu'une impulsion étrange pousse tout homme à s'élever au-dessus de ses parents, en embrassant une carrière qui semble et plus noble et plus lucrative. Cette monomanie, aidée surtout d'un amour paternel mal entendu, n'a pas réussi à tous, et a conduit à plus d'un désespoir, par le chemin des déceptions; mais, à part ce résultat, elle a presque toujours rendu les enfants moins respectueux pour des parents qui leur semblaient dénués d'instruction; — heureux quand ils n'ont pas été jusqu'à en rougir et à les accabler de leur mépris! — Du moment, au contraire, où les principes de l'éducation et de l'instruction seront les mêmes pour tous, il y aura différence en plus ou en moins seulement; mais tout le monde se comprendra; et il n'existera plus entre les professions diverses ces disparités immenses qui agissent sur les mœurs et détruisent les liens les plus sacrés. Ce véritable nivellement des intelligences, opéré par l'ascension de celles qui avaient été négligées jusqu'à présent, aura même son influence sur le choix d'un état, en les montrant tous comme égalemement honorables; et l'émulation de percer par le talent ne restera plus monopolisée par trois ou quatre carrières, toujours insuffisantes pour leurs nombreux aspirants.

X.

Nous avons parlé plus haut de la nécessité qu'il y aurait à répandre la lumière de la morale et de la vérité, au point de vue de notre civilisation, sur l'histoire des temps passés comme sur celle des temps modernes. Certes un pareil travail est d'une importance à demander les esprits les plus éclairés joints aux caractères les plus indépendants. Ce n'est pas dans l'intérêt de telle ou telle forme religieuse ou gouvernementale qu'il doit être entrepris ; ce n'est pas pour flatter tel ou tel parti, pour critiquer tel ou tel personnage qu'il convient de le poursuivre. Il y a un plus haut but à atteindre : — l'amélioration, la moralisation de l'espèce humaine, qui se débat depuis des siècles pour se dégager des langes de la fausse civilisation du paganisme, — et qu'on s'effraie à juste titre de voir progresser dans les sciences ou dans les arts, sans faire un pas vers le perfectionnement de l'être. Hélas ! c'est que depuis des siècles, on s'est toujours occupé de l'esprit, en négligeant le cœur, — de l'intelligence et non du jugement ! — C'est qu'on a voulu satisfaire les appétits, et jamais éclairer les consciences ! Et, cependant, si l'on y prend garde, on sera forcé de convenir que la morale est le seul point sur lequel pivotent nécessairement les dogmes les plus opposés, et le seul terrain sur lequel ils puissent espérer de se rencontrer un jour pour le bonheur de l'humanité.

Il est donc du devoir de tout gouvernement sage de prendre la noble initiative d'appeler à cette rectification indispensable des livres destinés à l'étude, les hommes dignes d'une pareille mission ; et de faire ainsi servir l'autorité dont il dispose, au bien-être durable des populations confiées à sa puissance.

XI.

Mais ce n'est pas tout que de travailler pour l'avenir en mettant les vérités morales à la portée de la jeunesse : — les parents réclament aussi l'action épuratoire de l'autorité. Pourquoi, par exemple, presque à chaque maison, des antres ouverts à l'ivresse, à la débauche, à la paresse et au crime? Laisser ainsi béantes, sous le nom de *cabarets* ou de *cafés*, ces officines publiques, où les racoleurs du vol, — de l'assassinat, — de toutes les passions mauvaises viennent traquer de malheureux ouvriers,— de pauvres pères de famille égarés,—c'est assumer la responsabilité du pervertissement progressif des masses. Si c'est l'impôt qu'on pense protéger, l'on se trompe, puisqu'on ne recueille guère en réalité que l'extension de la fraude et les subtilités de la falsification ; — de sorte que, fisc et consommateurs sont également dupés, parce que nul marchand de boisson, vu leur nombre sans limites, ne saurait littéralement vivre sans voler le trésor et le public. Il paraîtrait donc, et plus moral et plus productif, de fermer le plus grand nombre de ces repaires, par l'exigence d'une forte patente, qui pourrait être à divers degrés. De cette manière, en exerçant une surveillance sérieuse sur la qualité comme sur la quantité des boissons, on trouverait dans les débitants une responsabilité pécuniaire suffisante pour les fautes dont ils pourraient se rendre coupables. Alors on pourrait défendre aux cabaretiers d'accueillir des gens déjà ivres, — mesure dont le complément naturel serait d'annuler de plein droit toute dette provenant d'un crédit fait au cabaret. Enfin, au lieu d'admettre l'ivresse comme une circonstance *atténuante* de tout autre délit,—ainsi qu'il n'arrive que trop souvent, — la loi devrait considérer comme *aggravante* cette abdication volontaire de la dignité de l'homme, et cet ignoble penchant qui le fait descendre au-dessous de la brute. Certes ces restrictions apportées à la faculté d'établir des cabarets n'aurait rien qui ne se justifiât, d'abord par le but de la mesure, et ensuite par l'exemple d'une foule d'autres industries dont le nombre est toujours limité par les convenances locales et par le nombre de la population.

XII.

Si, dans tous les mouvements révolutionnaires, on retrouve les repris de justice, — les étudiants turbulents, — les médecins sans malades, — les avocats sans causes et les habitués de cabarets, il est trop vrai qu'on y rencontre aussi, comme force vive, le plus grand nombre de ces ouvriers si imprudemment agglomérés, depuis plusieurs années, dans les capitales. La perturbation politique amenant une panique industrielle et commerciale, voilà ces braves gens sur le pavé, où ils arrivent avec leur besoin de vivre, et une éducation trop imparfaite pour ne pas les livrer sans défense aux suggestions perfides de tous les fauteurs et exploiteurs de désordre. Après avoir mis leurs bras robustes au service de partis qui les emploient comme leviers, ils finissent, sans doute, par déplorer leur crédulité, en s'apercevant que jamais le blé n'a poussé sur des décombres. Mais il est souvent trop tard ! Il serait donc d'un intérêt véritable pour l'ordre social comme pour les ouvriers en particulier, d'éloigner ces derniers des grands centres de population, en prenant des mesures restrictives propres à ramener peu à peu les manufactures, usines, fabriques, dans l'intérieur du pays. Par ce moyen, les prix de fabrication seraient certainement moins élevés ; — mais l'ouvrier, quoique moins rétribué, pourrait pourvoir plus largement à ses besoins, parce qu'il n'aurait plus ces tentations multiples et énervantes des capitales, et qu'il verrait diminuer, pour lui comme pour le pays, les dangers du chômage ; enfin, les propriétaires fonciers jouiraient d'une augmentation dans la valeur et l'emploi, sur place, de leurs denrées, — tandis que ces diverses circonstances réunies, en empêchant l'abâtardissement de la population, si tristement remarquable dans les grandes villes, réaliseraient une amélioration morale, dont les effets, sensibles pour le présent, le deviendraient encore davantage pour l'avenir.

TROISIÈME PARTIE.

La presse. — Le journalisme. — Mesures répressives. — Mesures préventives. — Censure préventive des journaux et des théâtres. — Censure répressive des livres et publications diverses. — Avantages pour la littérature sérieuse. — De la garde nationale. — Son rôle. Son utilité. — Suppression en principe. — Conservation des cadres. Formation de corps de pompiers. — Augmentation de la force publique. — Opinion publique. — Ses écarts. — Elle se modifie, à la longue, par le bon sens. — Moyen de la captiver sans adulation, ni bassesse.

I.

Si nous avons signalé différentes causes qui ont une influence incontestable sur la tranquillité des nations, il en est d'autres, plus efficaces encore, dont le développement s'est opéré depuis un demi-siècle, et sur lesquelles l'attention du gouvernement doit être incessamment appelée. En première ligne, il faut nommer la presse, ce levier plus puissant que celui d'Archimède, puisqu'il soulève le monde, sans autre point d'appui que la pensée. Certes, si la presse avait pu se borner à répandre les dons de l'intelligence sur les masses, — à multiplier à l'infini les saines doctrines de la morale, — à se livrer à la diffusion universelle des lumières et des vérités, — cette invention merveilleuse aurait bien mérité de la civilisation, dont elle aurait assuré la marche. Mais il n'en pouvait être ainsi : les passions des hommes, qui vicient tout, ont bientôt perverti l'instrument nouveau ; — elles en ont fait une arme de guerre pour l'attaque plus que pour la défense ;—elles l'ont façonné en glaive qui moissonne,—en poignard qui frappe dans l'ombre ; — et ce qui devait être un bienfait, est presque devenu un fléau pour l'humanité, nécessairement incapable de discerner le vrai du faux dans l'épouvantable chaos d'idées et de faits, — de théories et de préceptes,—de discussions et de disputes,—que la presse lui jetait journellement en pâture.

II.

Dans ce fatal pêle-mêle, où la raison a tant de peine à se retrouver, il faut distinguer la *presse* proprement dite du *journalisme* : l'une peut rester dans les hautes sphères de l'intelligence, et leur rapporter sa récolte de travaux scientifiques et consciencieux : — c'est encore le flambeau qui éclaire ; l'autre, fatalement militant, cherche un aliment à sa spéculation dans la surexcitation des idées,— dans la lutte des partis, dans les calomnies sans pudeur :

c'est la torche qui embrâse. Et que leur importe, en effet, à ces hommes, pour la plupart sans réputation personnelle,—sans études suffisantes,—sans croyance religieuse, morale ou politique, si ce qu'ils débitent est un antidote ou un poison, pourvu qu'on l'achète ! — Ils ne s'enquièrent pas comment ira le pays, mais comment ira leur boutique. — Semblables à ces flibustiers qui exploitaient les mers du Sud, la patrie, l'humanité sont pour eux de vains mots : — il leur faut de l'argent, que, dans leurs moments de repos, ils jettent, sans compter, à l'orgie et à la débauche. Aussi, voyez avec quelle outrecuidance ils égarent l'opinion publique ; — voyez comme ils tranchent les questions les plus difficiles,—comme ils régentent toutes les supériorités reconnues ! — comme ils mentent avec impudence ! — A peine si, dans le nombre immense de ces aventuriers, vous pourrez rencontrer un homme de bonne foi, — de sens, — qui prend au sérieux la nouvelle mission réservée au journalisme, circonscrit dans les bornes du vrai, de l'honnête, du patriotisme et de la modération ! — Et d'ailleurs, que pourrait-il y faire, quand un public, blasé sur toutes les émotions, demande quelque chose qui le réveille encore, en caressant sa malignité naturelle,— sa haine de toute supériorité, — son avidité de bien-être,—et sa paresse de toute réflexion à faire, ou de tout parti à prendre?

III.

Il serait donc aussi injuste de rendre la presse responsable des méfaits du journalisme, que de laisser ce dernier en continuer le cours par respect pour les bienfaits de la presse. Mais, en admettant notre distinction dans toute son étendue, reste une question difficile à résoudre : comment arracher le journalisme à la mauvaise voie dans laquelle il est entré ? — admettra-t-on les lois *répressives ?* — elles marchent d'un pas boiteux pour atteindre le délit, et ne peuvent dès-lors en empêcher les funestes conséquences : —que, par exemple, le journalisme sonne un appel aux armes! —la répression ne viendra donc qu'après la guerre civile ?

IV.

Un législateur consciencieux ne saurait jamais dès-lors, trouver efficace ce moyen posthume ; et, s'il l'adopte, ce ne pourrait être que comme une concession à des circonstances difficiles, — comme une épreuve à faire de la sagesse des écrivains, — comme une confiance illimitée dans le jugement des lecteurs. A cet égard, l'expérience est là pour répondre ; et pour montrer à tous, qu'en dépit des criailleries des folliculaires, il n'y a réellement à prendre que des mesures *préventives*. Bien plus, c'est un devoir pour tout gouvernement digne de ce nom, de sauvegarder ainsi la tranquillité publique, la morale et la vérité, en empêchant de paraître tout ce qui peut y apporter atteinte.— Ainsi, n'en déplaise à ceux qui s'effrayent des mots, sans aller au fond des choses,—il est indispensable, dans tout pays organisé, d'avoir une *censure* qui puisse s'étendre sur tout ce qui se publie, soit dans les journaux, — soit dans les brochures, — soit sur la scène,—soit par la peinture, la sculpture et la gravure ; car il y a malheureusement aussi une classe de gens qui spéculent sur le cynisme, et s'inquiètent peu de corrompre les mœurs pourvu que cette corruption les engraisse ! Sans doute il ne s'agira jamais non plus de faire de tous les théâtres des écoles de pureté et d'innocence, ni de voiler la chaste nudité des beaux-arts sous le manteau du puritanisme ! Mais, certes, s'il était démontré que les hommes ne peuvent osciller que d'un excès dans un autre, le moins dangereux serait encore celui qui n'exciterait pas chez la jeunesse un dévergondage d'idées, aussi nuisible au développement de son intelligence et de son physique, qu'au bien-être et au progrès des nations civilisées.

V.

Cette *censure*, selon les divers points qu'elle doit embrasser, sera confiée à des hommes de conscience et de talent : —c'est un sacerdoce social dans lequel le zèle de parti serait une faute, comme la condescendance de camaraderie serait un crime.

Mais, va-t-on dire peut-être, c'est baillonner la pensée humaine, — c'est enchaîner l'esprit par d'indignes entraves ! — c'est......! — Messieurs, c'est tout ce que vous voudrez, dès que vous faites des phrases ; — mais, de bonne foi, vous reconnaîtrez que l'abus n'est pas l'usage ; et qu'il est nécessaire de réglementer,— de restreindre le débit des poisons. Soyez sans inquiétude :—il y aura des journaux de moins, c'est vrai ; — des littérateurs de pacotille de moins, c'est encore vrai ; — mais il y aura des travaux littéraires ou politiques plus consciencieux; — des ouvrages plus solides et plus utiles ; — au lieu de tout effleurer en courant, l'on se donnera la peine d'approfondir ; et l'humanité ne perdra pas grand chose quand quelques spéculateurs chercheront à placer leurs fonds plus honnêtement, — quand quelques viveurs cesseront de vendre leur plume au dernier enchérisseur. En un mot, toutes les expériences sont faites sur ce point, et assez de révolutions sont sorties de ce débordement effréné qu'on baptisait *liberté de presse.* Il faut une censure *préventive* pour les journaux, les pamphlets, les théâtres ; une censure *répressive* pour les livres, ainsi que pour les gravures et autres moyens de publier la pensée.

VI.

Toutefois, il n'est pas nécessaire de mettre la lumière sous le boisseau et de procéder, soit par un mutisme complet, soit par un langage officiel, dont on suspecterait toujours la véracité. C'est le mensonge qu'il faut comprimer ; — mais la vérité, tout le monde doit désirer la voir briller du plus grand jour. La vérité ! — elle donne au peuple la confiance dont il a besoin ; — lui fait connaître ses droits ; — lui montre les garanties dont il est entouré ; — les libertés dont il jouit, et le rassure contre tous les abus. Pour le gouvernement, elle n'est pas moins précieuse : —contrôle incessant de tous ses agents, elle les garantit de cette torpeur où s'irait reposer une activité sàns stimulant ; — elle

les sauve de cette solidarité d'omnipotence orgueil-
leuse, qu'assurerait le silence des patients; — enfin
il lui doit toute sa force morale, bien plus précieuse que toutes les baïonnettes du monde. Il y a
donc quelque combinaison nouvelle à trouver, pour
empêcher les écarts du journalisme et conserver
ses avantages; et cette question est tout simplement, — dans les pays où l'expansion de la liberté
intellectuelle est devenue un besoin, — une question de vitalité.

VII.

Laissons de côté l'exemple de l'Angleterre et de
l'Amérique, où l'innocuité des journaux résulte autant de leur liberté sans bornes et de leur nombre,
que du caractère d'un public qui ne s'en laisse
point émouvoir. En France, peut-être, cette méthode si simple aurait ses dangers, avant que la
satiété ne conduisît au dégoût. C'est pourquoi nous
voulons essayer de formuler une mesure qui nous
semblerait dans les limites d'une prévention sage,
et d'une liberté normale. Notre pensée serait que
la censure des journaux fût simplement *suspensive*.
Ainsi, toutes les feuilles qu'on voudrait publier de-
vraient être soumises préalablement, à des examinateurs, qui, dans un laps de temps déterminé et

très court, — deux ou trois heures, par exemple,
— ou donneraient leur visa pour la publication, —
ou déféreraient l'article incriminable aux tribunaux, pour être jugé conformément aux lois.

VIII.

Quand la publication serait permise, les journaux, avec le visa, seraient remis à l'administra-
tion des postes, qui exercerait seule le monopole
de l'expédition à domicile, dans toutes les parties
du pays, à l'instar de la manière dont elle exerce
le monopole de l'envoi des lettres. Quand la publication serait suspendue, les tribunaux compé-
tents, — sans admettre ni défaut, ni remise, et
toute autre affaire cessante, — prononceraient sur
la criminalité des écrits et la pénalité encourue
par leurs auteurs. En outre, la loi pourrait rendre
ces derniers responsables de toute nouvelle dont
ils ne sauraient administrer la preuve, et qu'ils donneraient, même sous forme dubitative; — comme
aussi, il serait bon que le gouvernement eût toujours le pouvoir de disposer, dans chaque journal,
d'un certain espace, pour y insérer les rectifications
ou observations qu'il jugerait utile d'offrir au public. Enfin, la garantie que les examinateurs n'a-

buseraient pas de leur mandat, se trouverait dans l'autorisation de les prendre à partie s'il y avait lieu.

IX.

Dans cette combinaison, si elle était adoptée, peut-être conviendrait-il de diminuer la lourdeur des cautionnements, en partie remplacés par le privilége donné au gouvernement d'user, sans rétribution d'une des colonnes du journal. Il n'est pas bien certain, en effet, que ces exigences fiscales aient fait autre chose que créer un monopole pour les riches, sans rien ajouter aux garanties de moralité, puisque l'argent n'est pas toujours un brevet d'innocence ; et, à notre avis, ce n'est pas le nombre des feuilles publiques qui peut être à redouter : — c'est leur influence, — c'est la grande masse de lecteurs inféodés aux doctrines, — aux pensées, — aux intérêts, — aux impulsions de telle ou telle coterie.

X.

Quant aux *livres*, que la paresse du siècle aborde toujours avec répugnance, ils ne sauraient jamais avoir le danger des publications quotidiennes ; leur examen peut être abordé avec plus de largeur d'esprit, pour laisser le champ aussi vaste que possible à la discussion loyale des matières les plus délicates ; et ce serait mal comprendre la dignité d'un gouvernement, que de rechercher les allusions critiques, — les similitudes de situation, — les portraits plus ou moins ressemblants, pour incriminer un auteur ; car l'on doit toujours avoir présent à la pensée la persécution du vertueux Fénelon, dont les ennemis avaient fait accroire au grand Roi que l'Idoménée de Télémaque était une critique de son auguste personne !

XI.

Au premier rang des institutions qui doivent le maintien de leur existence au génie révolutionnaire, on ne saurait s'empêcher de signaler la *garde nationale*. Renouvelée de ces temps où les villes, à peine affranchies, avaient à se défendre contre les exactions féodales, la garde nationale pouvait encore se justifier lorsque le pays était menacé d'une invasion ennemie : bien qu'elle ne se montrât jamais très belliqueuse et qu'elle aimât l'ombre de ses foyers ; toutefois, tandis que les troupes soldées défendaient pied-à-pied la frontière, elle pouvait garder les places-fortes, assurer la tranquillité publique, et donner pleine franchise à l'emploi de toutes les forces actives du pays. Ce rôle,— le seul qui lui convient,— est aussi le seul qu'elle a rempli parfois sans qu'on eût à lui adresser de reproches.

Mais, du moment où un état est tiraillé par des partis divers, — du moment où chaque citoyen, à tort ou à raison, est appelé à avoir, — à émettre même une opinion quelconque,—la garde nationale devient un fâcheux empêchement à toute solution, parce qu'elle présente une force inerte, dont la pensée est loin d'être homogène, — force qui cède sans combat à qui la brave, — qui s'affaisse sans ressort sous ceux qui voudraient la prendre pour appui, — et qui n'est une puissance que pour ceux qui la regardent de loin. En pourrait-il être autrement ?—Et de bons bourgeois,— fort braves peut-être séparément, — auront-ils jamais ce fanatisme du drapeau,—ce dévouement aux ordres des chefs, — cette discipline sévère qu'on trouve dans tous les corps organisés militairement ?

XII.

Aussi, qu'on interroge l'histoire, et l'on verra la garde nationale, ou victime ou complice débonnaire de toutes les révolutions ; — impuissante à refouler l'émeute, à rétablir le bon ordre ; — n'agissant pas, ou agissant sans ensemble ; — mais criant, déraisonnant ;— et aussi versatile que peut l'être la représentation armée d'une population qui ne sait jamais ce qu'elle veut, tout en croyant savoir ce qu'elle ne veut pas. Laissons donc au chauvinisme bourgeois le soin d'entonner d'héroïques chants en l'honneur de la garde civique ; — laissons de bons avoués, d'honnêtes bonnetiers aimer à se pavaner sous l'épaulette citoyenne ;—laissons des maris sournois applaudir à une institution qui leur rend la vie célibataire à chaque tour de garde ; — laissons même quelques femmes, tant soit peu entachées de Fouriérisme, pousser leurs époux dans le chemin de la gloire paisible, pour jouir d'un peu de liberté !—Tout cela s'explique, — tout cela se comprend, — tout cela a sa raison d'être.

XIII.

Mais ceux qui ne fardent pas la vérité, répéteront qu'il est d'un puissant intérêt social d'abolir complètement la garde nationale, qui ne serait pas meilleure quand elle serait recrutée par la noblesse et la haute bourgeoisie que quand elle se formera de toutes les classes de la société. Tout ce qu'on pourrait faire, comme concession à certaines glorioles et comme mesure de prudence pour des éventualités défensives, ce serait de conserver les cadres suffisants pour une organisation future, et d'inscrire sur les rôles tous les citoyens propres à être appelés au jour du besoin. De cette façon, pas de force paralysante, — pas de perte de temps pour les citoyens ; et, quand viendra l'occasion sérieuse de défendre le pays, l'apprentissage du métier de soldat exigerait tout aux plus quelques semaines.

XIV.

Mais il y a des personnes qui croient encore que la garde nationale vient en aide à la force publique, toutes les fois, du moins, qu'il s'agit de protéger la société contre les attentats des voleurs et des bandits. Honorable erreur que démontre le moindre examen des faits ! — Ce n'est, certes pas, que le soldat-citoyen pactise avec les malfaiteurs. — C'est tout simplement qu'il est trop bruyant, — trop ami de ses aises, — trop enclin à enfreindre personnellement certains règlements de police, pour qu'on puisse se fier à lui de leur exécution. C'est pourquoi, en supprimant la garde nationale, ou en l'enterrant à l'état de principe dans les cartons municipaux, on ferait bien d'augmenter le nombre des hommes spécialement chargés de veiller à la sûreté publique. D'ailleurs, est-il juste que le citoyen, qui acquitte loyalement les redevances qui lui sont imposées, pour avoir une armée qui le défende au dehors, — une police et des magistrats qui le protégent au dedans, — est-il juste que ce même citoyen ait encore à payer l'impôt du temps, et parfois même l'impôt du sang ? — La garde nationale est, de fait, pour les hommes qui en font partie, une charge pesante, que rien ne saurait justifier, comme elle est, pour tout gouvernement, un inconvénient sans aucun avantage.

XV.

Le seul corps civique appelé à rendre de vrais services, s'il était convenablement organisé, est celui des pompiers, qu'on devrait former exclusivement d'hommes de métiers consacrés à la construction. — Dans la plupart des petites localités et des communes, cette institution deviendrait vraiment protectrice ; mais il n'y a rien de plus antipathique à sa destination que l'attirail militaire dont il semble ordinaire de l'affubler. Qu'ont à faire un fusil, un sabre, une giberne et des cartouches, avec la mission d'éteindre le feu ? — Si certaines habitudes ou convenances rendent l'uniforme obligatoire, que ce soit au moins un uniforme approprié au service réel : — la hache sur l'épaule sied tout aussi bien que le mousquet.

XVI.

Il reste encore une grande puissance des temps modernes avec laquelle il est impossible de ne pas compter : c'est l'opinion publique, résultat supposé de chaque pensée individuelle. On pourrait parfois être tenté de s'en inquiéter assez peu, si l'on examinait soigneusement d'où elle vient et où elle va ; mais il ne faut pas la juger sur ses fréquents écarts, — sur ses engouements subits et ses haines fugitives, — puisqu'il est vrai de dire, qu'à la longue, ses jugements finissent par être modifiés par le bon sens public, et deviennent ainsi la voix de Dieu, dans le sens de nos sociétés. Mais ce n'est pas une raison pour tout sacrifier non plus à cette idole changeante, en se laissant impressionner par tels ou tels propos de coteries, — telles ou telles tactiques de partis, — telles ou telles médisances ou calomnies de salons ; — ce serait poursuivre l'ombre et laisser le corps. La meilleure manière d'avoir pour soi cette force insaisissable, c'est de faire en sorte que, dans les actes les plus importants comme les moins significatifs, il n'y ait aucune trace de mauvaises passions, et qu'on y voie sans cesse dominer l'amour du pays à côté de celui de l'humanité.

———

QUATRIÈME PARTIE.

I.

Se préoccuper d'éloigner toutes les causes et tous les éléments de subversions politiques, abstraction faite des formes gouvernementales, c'est assez exprimer qu'on regarde comme bon tout gouvernement existant, et qu'on irait jusqu'à dire que le plus mauvais de tous les gouvernements imaginables est préférable à une *révolution*. Pour la tranquillité,— pour le bien-être des peuples, il importe donc que l'autorité gouvernementale réunisse le plus de conditions possibles de durée, — conditions dont la plus grande partie dépendra toujours de sa sagesse et de son habileté.

II.

La durée du gouvernement, c'est, pour le peuple, la garantie de la connaissance de ses be-

soins, — de ses tendances, — de ses aspirations.
Sans elle, point de traités solides de paix, de
guerre ou de commerce ; — point d'entreprises de
longue haleine, telles que colonisation, fondation
de villes , etc.; — point d'associations de capi-
taux ; — point de grands travaux industriels ; —
point d'amélioration : rien que des essais, — des
tâtonnements, — des velléités, — des promesses.
Avec la durée , au contraire, on étudie le passé,
on règle le présent, et i'on marche d'un pas ferme
dans le sentier des destinées futures, en donnant à
chaque chose son temps et son rang ; — avec la
durée, la prospérité d'une nation est partie inté-
grante de sa vitalité ; — sans la durée, les plus
nobles élans, les plus grands sacrifices n'ont que
des résultats viagers.

III.

Au reste, ce n'est point une sinécure que de
gouverner une nation : savoir la guider dans des
voies de raison et d'utilité ;—attirer à soi toutes les
intelligences d'élite pour les faire converger vers le
bien général ;—se montrer à propos conservateur et
progressif ;—être jaloux de l'honneur national au-
dehors et de la prospérité intérieure ; — concilier

la bonté et la justice, la force et la générosité ; —
saisir avec vivacité les circonstances les plus for-
tuites, et user avec prudence du bénéfice du temps ;
—développer une à une, et dans leur ordre ration-
nel, les institutions en harmonie avec le vrai génie
des gouvernés ; — en un mot veiller et travailler
sans cesse dans l'intérêt bien entendu et bien étu-
dié de la population pour façonner l'avenir, c'est
une mission difficile, pénible, et pour laquelle de
grandes vertus comme de grands talents sont
indispensables.

IV.

Plus d'un esprit hardi, plus d'un caractère
éprouvé,—sans parler de l'outrecuidance dont l'am-
bition de tant de démagogues a été la preuve,— ont
fléchi sous ce lourd fardeau. Sans doute, la tâche
est plus facile lorsque de grandes croyances, de
puissantes institutions ont jeté leurs racines dans
le sol, ou quand une caste riche, nombreuse et in-
telligente est intéressée au maintien de l'ordre de
choses établi. Mais ces solides institutions, mais ces
aristocraties prépondérantes ne s'improvisent pas :
elles sont le fruit du temps, — la conséquence du
passé,— des mœurs,— des habitudes,— du caractère même des peuples ; et, quand elles n'existent

pas, c'est par une création nouvelle qu'il faut constituer les grands pouvoirs, en leur donnant la vigueur d'impulsion nécessaire pour qu'ils fonctionnent sans s'embarrasser, ni se nuire, ni se combattre.

V.

A la suite de ces colonnes de l'édifice social, viennent les rouages administratifs qui réclament toute la sollicitude de l'autorité :

— Justice à bon marché pour tous, en supprimant les intermédiaires ruineux par l'extension des attributions des justices de paix, et en révisant les tarifs de frais de procédure ;

— Simplification de la bureaucratie, en diminuant cette armée improductive d'employés de toute forme et de tout rang, qui compliquent les relations, allongent les affaires et pèsent sur le budget ; — armée d'autant plus inutile que non seulement elle ne brûlera pas une amorce pour le soutien d'un gouvernement quelconque, mais que l'intérêt de sa conservation la fait tourner vers le soleil levant, et crier *sauve qui peut* la première ;

— Meilleure assiette des impôts indirects, —

douanes et octrois, — propre à leur ôter tout caractère vexatoire ;

— Remplacement du casuel, pour les prêtres, par des émoluments fixes payés par l'État ou par les communes ;

— Étude et établissement de tous les travaux publics désirables qui peuvent, dans le chômage de certaines industries, venir au secours des bras inoccupés ;

— Emploi consciencieux des finances de l'État, qui assure tous les services avec l'économie convenable, et qui permette, non-seulement de récompenser les talents, mais de parer aux éventualités de fléaux accidentels ;

— Encouragement aux défrichements, — à la colonisation,—aux voyages de long cours, etc.

VI.

Toutes ces améliorations, qui aideraient au développement de la richesse nationale, en favorisant l'agriculture, le commerce et l'industrie, sont autant de conquêtes intérieures,—moins brillantes, il est vrai, que les conquêtes militaires, — mais plus solides, plus durables et plus influentes surtout pour le bonheur des peuples et le maintien des gouvernements. Et d'ailleurs, en Europe, le temps des pérégrinations guerrières est passé, — à moins que, dans un esprit de prosélytisme et de propagande, il ne prenne envie à une nation de convertir les autres, par le fer et le feu, à sa foi religieuse et politique ! Ce qui intéresse le plus les hommes, ce ne saurait être maintenant d'étendre leur drapeau sur un plus vaste territoire, ni de voir leur cocarde sur un plus grand nombre de fronts ; — ce sont-là des jouissances d'amour-propre et de vaniteuse gloriole, qui coûtent toujours bien plus qu'elles ne rapportent. Ce qu'il leur faut, c'est un pouvoir réparateur, — protecteur, — loyal et dévoué, — qui sache leur assurer la plus grande masse possible de prospérité et le plus grand développement intellectuel, en donnant ainsi aux autres peuples le désir de faire partie d'une famille si paternellement et si sagement gouvernée. Là, est la vraie, l'unique gloire du XIXe siècle, — gloire sans regrets et sans larmes, qui placera les sages qui sauront l'atteindre au nombre des rares bienfaiteurs de l'humanité et des apôtres heureux de la civilisation.

FIN.